AF389650

PYBRAC

Recueil de quatrains érotiques

Écrit par
Pierre Louÿs

1

Je n'aime pas qu'Agnès prenne pour concubine
Sa bonne aux cheveux noirs, gougnotte s'il en fut,
Qui lui plante sa langue au cul comme une pine
Et qui lui frotte au nez son derrière touffu.

Je n'aime pas à voir qu'en l'église Saint-Supe
Une pucelle ardente, aux yeux évanouis,
Confessant des horreurs, se branle sous sa jupe
Et murmure : « pardon… mon Père… je jouis. »

Je n'aime pas à voir la nouvelle tenue
De la jeune lady qui vient au bal masqué
Une cuisse en culotte et l'autre toute nue
Jusqu'au milieu du con, Madame, c'est risqué.

Je n'aime pas à voir l'Andalouse en levrette
Ouvrir les bords poilus de son cul moricaud
Qui porte à chaque fesse une sorte d'aigrette
Sur l'anus élargi comme un coquelicot.

Je n'aime pas à voir trois petites gougnottes
Qui, ne pouvant coucher ensemble ouvertement,
Se branlent dans les coins, se goussent dans les chiottes
Et se pissent en bouche et trouvent ça charmant.

Je n'aime pas à voir qu'une vierge sans tache
Peigne ses poils du cul devant son cousin Jean
Le frise en éventail puis en double moustache
Et dise avec un œil railleur : « T'as pas d'argent ? »

Je n'aime pas à voir dans la salle d'études
Vingt filles se moquer d'un maître faible et doux
Et dire en affichant leurs sales habitudes
« Ah ! laissez-nous jouir ; on se branle pour vous ! »

Je n'aime pas à voir la malheureuse gousse
Dont le poil est trop rouge et le jus trop amer.
Elle n'a pas d'amie et son foutre de rousse
Aux filles qui l'ont bu donnait le mal de mer.

Je n'aime pas à voir la suceuse gourmande
Qui sirote le foutre et dit à son amant :
« En reste-t-il encore un peu ? J'en redemande. »
Elle peut bien attendre un quart d'heure vraiment.

Je n'aime pas à voir la petite soularde
Qui soupe avec des gens peut-être encore plus saouls
Et qui s'enfile avec un pilon de poularde
Pendant qu'un amateur l'encule par-dessous.

Je n'aime pas à voir la fille trop juteuse
Qui pleure et bave et suce et pisse en déchargeant,
Galope à coups de cul, fait la grande fouteuse
Et crie : « Ah ! pour ça non ! je ne veux pas d'argent. »

Je n'aime pas à voir qu'Alice aux longues tresses
Lèche à la pension tous les cons du dortoir
Sous les yeux indulgents des jeunes sous-maîtresses
Qui donnent des conseils et tiennent le bougeoir.

Je n'aime pas à voir la gourmande qui mouche
Ses amants en suçant leur nez comme des vits
Pour que la morve aussi jette à flots dans sa bouche
Le foutre dont ses sens ne sont point assouvis.

Je n'aime pas à voir celle qui s'effarouche
Dès qu'un jeune homme ardent l'attaque par le bas
Et qui prend vivement la pine dans sa bouche
Pour avaler l'enfant dont elle ne veut pas.

Je n'aime pas aux champs celles qui s'accroupissent
L'une en face de l'autre et se penchent pour voir
Comment bâillent leurs poils et comment elles pissent
Et qui nomment ce jeu : « Se regarder pleuvoir. »

Je n'aime pas à voir dans un bordel chouette
Les mains sur une roue et les deux pieds en l'air
La putain qui se fait enculer en brouette
C'est là, dirait saint Paul, pécher contre la chair.

Je n'aime pas qu'Odette ait si mauvaise mine,
Qu'elle aille se branler dans toute la maison
Et qu'elle couche avec une infâme gamine
Qui sait ouvrir les poils et téter le tison.

Je n'aime pas qu'à table une infante se serve
Trop de piment, puis sorte au milieu du dîner
En disant tout à coup : « Cette sauce m'énerve !
Je vais chercher quelqu'un pour me faire piner ! »

Je n'aime pas à voir l'écolière distraite
Qui se branle en tramway comme elle fait chez soi ;
Qui se trouble, rougit, baisse le nez, s'arrête
Et dit de l'air le plus ingénu : « C'est pas moi. »

Je n'aime pas à voir l'indolente Charlotte
Qui passe en travesti dans un bal familier,
Disant qu'elle a percé le fond de sa culotte
Pour se faire enculer sans se déshabiller.

Je n'aime pas qu'Esther, dont les lèvres avides
Ont tété par sept fois un ténor d'opéra,
Lui dise avec fureur que ses couilles sont vides
Mais qu'elle a soif de foutre et qu'il en pissera.

Je n'aime pas qu'Agnès qui croit sa vie amère
S'enfuit à quinze ans afin d'avoir vécu
Et se fait faire un jour trois photos pour sa mère
Pine au con, pine en bouche et pine au cul.

Je n'aime pas à voir la triste erreur mammaire
D'une enfant de six mois qui, cherchant un régal,
Prend le vit d'un miché, pour le sein de sa mère
Et tette un peu de foutre avant l'âge légal.

Je n'aime pas à voir la danseuse trop nue
Qui s'est rasé les poils jusques à l'ombilic
Pour découvrir sa vulve entrouverte et charnue
Dont la babine humide excite le public.

Je n'aime pas à voir une arpète à l'œil tendre
Raccrocher une dame au coin du boulevard
La conduire à l'hôtel, se mettre à poil, s'étendre
Et lui poser au cul la trace de son fard.

Je n'aime pas à voir la princesse autrichienne
Qui fait raidir le vit de son grand lévrier,
Puis se courbe sous lui pour lui servir de chienne
Avant que l'empereur songe à la marier.

Je n'aime pas à voir, nue entre deux gendarmes
La baigneuse surprise et craignant la prison
Céder quatorze fois l'usage de ses charmes
Et donner tout son foutre en guise de rançon.

Je n'aime pas qu'Alice en rut lève son linge
Montre son clitoris dardé, rouge et durci,
Long comme un vit de chien, droit comme un vit
de singe,
Et soupire : « Ah ! ma gousse ! un coup de langue ici ! »

Je n'aime pas à voir qu'une fille de ferme
Fourre un vit de cheval au con d'une jument
Et racle avec la main tout le surplus du sperme
Pour se lécher la patte au soleil, goulûment.

Je n'aime pas qu'au bal la jeune fille en tulle
Qui m'avoue, en buvant sagement du sirop :
« Quand j'ai beaucoup dansé, j'aime bien qu'on m'en-
cule. »
Puis s'excuse : « Oh pardon ! j'ai dit un mot de trop. »

Je n'aime pas ces bals où, ne sachant que faire,
Trois pucelles en blanc devant un freluquet
S'exercent à pisser dans le calorifère
Et maladroitement inondent le parquet.

Je n'aime pas à voir, impasse de l'Écuelle,
La putain qu'on encule en plein air dans le coin
Et qui dit chaque fois sa phrase habituelle :
« Crache-toi sur la queue, elle entrera plus loin. »

Je n'aime pas à voir la bergère en guenilles
Relever ses haillons sous les yeux d'un gamin,
Lui montrer au soleil par où pissent les filles
Et guider vivement la pine avec la main.

Je n'aime pas à voir la finette à la coule
Qui rentre après minuit, saute à califourchon
Sur son père et lui dit : « Bon Dieu que je suis saoule
Je sais plus par quel trou tu fais l'amour, cochon ! »

Je n'aime pas la vierge éprise d'enculage
Qui prend ses lavements avec un godmiché
Et d'un doigt frémissant branle son pucelage
Toute heureuse d'avoir le derrière douché.

Je n'aime pas qu'un homme enculant une fille
Tire son vit du trou, le fourre entre les dents,
Et rie à voir comment la bouche dégobille
Quand le membre merdeux éjacule dedans.

Je n'aime pas à voir après une escarmouche
Le soldat qui déflore un con de dix-sept ans
Viole aussi l'anus, décharge dans la bouche
Et sent alors son vit coupé d'un coup de dent.

Je n'aime pas à voir la fille sans vergogne
Qu'on charge de garder les enfants d'un ami
Et qui joue avec eux à la mère gigogne
Jusqu'au dernier détail qu'on appelle mimi.

Je n'aime pas à voir la fillette qu'on viole
Avec peine, en crevant son petit con d'enfant,
Qui d'abord infoutable, étroit comme une fiole,
Devient beaucoup trop large aussitôt qu'il se fend.

Je n'aime pas à voir la belle Bordelaise
Dont la bouche à moustache est un con malgré lui.
Même quand elle suce on dirait qu'elle baise
Et pour peu qu'elle bave on croit qu'elle a joui.

Je n'aime pas à voir deux sœurs l'une sur l'autre,
L'une étendue, ouvrant ses deux cuisses en l'air,
Et l'autre qui s'y plonge et s'y frotte et s'y vautre,
Corps à corps, ventre à ventre et leurs cons chair à chair.

Je n'aime pas à voir que la môme Microbe
Suive un monsieur dans la pissotière du quai
Pour se faire enculer sans relever sa robe
Par le trou qu'elle a fait dans son jupon truqué.

Je n'aime pas Toinon que les pires caresses
Ne feraient pas rougir, mais qui, pour s'excuser,
Montre que sa pudeur lui fait rougir les fesses
Et lui donne un besoin féroce de baiser.

Je n'aime pas qu'au bar celle avec qui je soupe
Foute à cheval sur moi, devant un autre amant
Qui lui fait le plaisir de l'enculer en croupe.
Ce partage d'un cul ne me plaît nullement.

Je n'aime pas à voir l'apprentie en chemise
Quitter son dernier voile et rire et babiller :
« Quand on est toute nue on est toujours bien mise ! »
Quatre poils sur le con, c'est peu pour s'habiller.

Je n'aime pas à voir la vierge douce et grave
Montrer à son cousin naïvement ravi
Un petit con brûlant qui s'entrouvre et qui bave,
Et se le caresser avec le bout du vit.

Je n'aime pas à voir une vierge qui tangue
Et qui, touchant du con le vit de son danseur,
Soupire : « Oh ! non ! pas ça ! Je n'aime que la langue.
Si vous voulez saillir, faites signe à ma sœur. »

Je n'aime pas à voir la putain triste et seule
Qui dit : « Viens m'enculer. J'ai pas de quoi manger,
Tu mordras mes tétons, tu chieras dans ma gueule
Et t'y foutras la queue après, pour décharger. »

Je n'aime pas la nonne à la vulve très noire
Qui, pourpre, ayant rompu son dernier godmiché
Se fourre au trou du con sa Madone d'ivoire
Et savoure à loisir l'horreur de son péché.

Je n'aime pas à voit la petite soularde
Qui veut boire encore plus de foutre que de vin,
Offre sa bouche aux vits comme un cul de poularde
Et dit qu'elle a treize ans. Que fera-t-elle à vingt ?

Je n'aime pas à voir cette barbe d'apôtre
Qui pend au cul d'Esther à genoux sous mes yeux.
Et ces deux trous barbus qu'elle offre l'un et l'autre
Me glacent d'un respect quasi religieux.

Je n'aime pas à voir le derrière encore glabre
De ce maigre trottin qui me donne à choisir
Son petit trou du cul, sa fente en coup de sabre,
Ou sa bouche plutôt, si ça me fait plaisir.

Je n'aime pas au bal une vierge qui mouille
Qui cesse de danser sitôt qu'elle a joui,
Entend mal quelques mots à l'oreille et gazouille :
« Si l'on peut décharger dans ma bouche ? Mais oui. »

Je n'aime pas à voir la grand-mère aux béquilles
Qui, la bougie en mains, chaque soir, sans parler,
Examine les cons de ses petites filles
De peur qu'on s'amuse à les dépuceler.

Je n'aime pas à voir qu'un poète s'amuse
À déconsidérer les mœurs de l'Hélicon
Et relève toujours la robe de la Muse
Pour montrer au lecteur les mystères du con.

Je n'aime pas à voir la petite armurière
Qui dépose plusieurs revolvers devant vous
Et dit en se grattant un peu sous le derrière
« Ils sont bien dans mon genre ; ils tirent douze
coups. »

Je n'aime pas à voir la tribade égarée
Qui, dans le noir, se trompe et de chambre et de lit,
Croit chercher de la bouche une vulve adorée
Et lèche avec horreur le prépuce d'un vit.

Je n'aime pas à voir au pied du Janicule
Une putain romaine à genoux sur un banc
Qui voudrait décharger pendant que je l'encule
Et qui roule du cul tout en se masturbant.

Je n'aime pas à voir la triste jeune fille
Qui m'enseigne l'anglais à vingt sous par leçon
Et qui, parfois, soupire : « Ôtez donc la cédille !

Et payez-moi plutôt de vingt coups par le con. »

Je n'aime pas à voir le bourgeois de Chaville
Qui se promène, au bois, la main dans son gilet,
Surprend dans un sentier sa fille qu'on encule
Et dit à l'amoureux : « Après vous, s'il vous plaît ! »

Je n'aime pas à voir la jeune fille en solde
Qui dit, pour s'excuser d'avoir un peu servi :
« Je ne sais pas flirter, moi, j'ai l'âme d'Isolde. »
Son âme est franchement trop large pour mon vit.

Je n'aime pas à voir dans le sein des familles
La chambre solitaire et triste du second
Où les petits cousins suivent tout bas les filles
Pour s'amuser au jeu de la pine et du con.

Je n'aime pas à voir la vierge au pied du prêtre
Dire que ça lui fout la moniche en chaleur
Chaque fois qu'elle y met le bout d'un thermomètre
Ou qu'elle y sent jouir son petit injecteur.

Je n'aime pas au bal voir Pierrot sur Pierrette,
Rosalinde qui suce, Amarylis qui fout,
Zamore qui sodomise Arlequine en levrette,
Et la petite Agnès qui se branle debout.

2

Je n'aime pas à voir la brune secrétaire
Qui suce avec pudeur, affecte un vif émoi
Et se trouble si fort qu'elle crache par terre
En disant : « Oh ! pardon, je me croyais chez moi. »

Je n'aime pas à voir ces jeunes filles suisses
Qui, si quelqu'un leur dit : « Où donc est le buffet ? »
Répondent simplement : « Il est entre mes cuisses. »
Ce sont là des propos qui font mauvais effet.

Je n'aime pas la bonne à la trop belle bouche,
Qui dit au nouveau maître, avec un air penché,
« Si monsieur veut sonner à l'heure où il se couche
Je fais soixante-neuf par-dessus le marché ! »

Je n'aime pas à voir qu'une actrice allemande
Coure aux water-closets sans prendre de bougeoir
S'encule par erreur sur un homme qui bande
Et fasse refouler l'étron qui voulait choir.

Je n'aime pas à voir la tendre fiancée
Qui dit, en déployant les lèvres de son cul :
« N'ai-je point sous mes poils une fleur de pensée ? »
Je verrai là plutôt un péril de cocu.

Je n'aime pas à voir le studieux potache
Qui se branle à plein poing derrière sa maman
Et, sans même songer que le foutre ça tache,
Décharge sur la robe avec ravissement.

Je n'aime pas à voir derrière une roulotte
La gitane en levrette et qui baise trop bien,
Ruisselle par la croupe, inonde la culotte,
Puis se torche le cul dans l'herbe comme un chien.

Je n'aime pas à voir la douce concubine
Qu'on encule toujours et qui, d'un doigt lascif
Se branle le bouton, se tire la barbiche,
Pour soulager son cul douloureux et passif

Je n'aime pas à voir, leste comme une mouche,
Le petit corps penché d'une arpète aux yeux noirs
Qui travaille bien moins des mains que de la bouche
Et moins à l'atelier que dans les urinoirs.

Je n'aime pas à voir la gosse mal foutue
Qui me tire la manche en disant : « M'sieur ! eh !
M'sieur,
Venez donc rigoler, maman me prostitue,
Vous m'enfilerez bien sur elle dans le pieu. »

Je n'aime pas qu'au Bois, une vierge insinue
En caressant les poils de son nouveau manchon :
« J'en montre encore bien plus quand je suis toute nue,
Mais vous ne verrez pas ceux-là, petit cochon. »

Je n'aime pas à voir deux jeunes ingénues
Qui, pour faire plaisir à leur frère cadet,
Lui masturbent la pine entre leurs cuisses nues
Puis se lavent le cul sur le même bidet.

Je n'aime pas à voir le chasseur de buvette
Porter un billet doux à la putain du coin,
Qui se met vite à poil, le cul dans la cuvette
Et dit : « Viens m'enfiler, mon petit. J'ai besoin. »

Je n'aime pas à foutre une fille endormie
Qui s'étend sur le ventre, ouvre un cul mal torché,
Rêve encore que ma pine est celle d'une amie
Et crie : « Ah ! qu'il est gros ton nouveau godmiché ! »

Je n'aime pas à voir une pauvre pucelle
De treize ans, qui se fait enculer sous un pont
Puis accroupit son cul d'où le foutre ruisselle.
C'est obscène, le cul d'une vierge qui pond.

Je n'aime pas à voir la sœur des Ursulines
Qui songe, en explorant ses organes poilus :
« Dieu m'a donné dix doigts pour m'en servir de pines
Et je n'ai que deux trous ! J'en voudrais huit de plus »

Je n'aime pas à voir la vierge en tulle rose
Qui rejoint à l'écart un jeune homme inconnu
Et dit : « Pour commencer, fais-moi feuille de rose. »
Ce n'est pas pour cela, vraiment, qu'il est venu.

Je n'aime pas la vierge aux prunelles d'opale
Qui branle son cousin parce qu'il bande trop
Et qui crie en voyant jaillir le foutre pâle :
« Ça m'excite un garçon qui pisse du sirop ! »

Je n'aime pas à voir la vaste maquerelle
Qui se fait un sérail de ses vingt-deux putains
Leur baise le derrière, en couche sept sur elle
Et décharge sept fois, rapport à ses instincts.

Je n'aime pas à voir que le soir de ses noces
La mariée en blanc se torde, pousse un cri,
Rie à pisser de rire, accouche de deux gosses
Et généreusement les donne à son mari.

Je n'aime pas à voir la femme trop contente
Qui dit : « Ma jeune sœur et mon fils n'ont qu'un lit
À chaque fois qu'il bande, il enfile sa tante
Et plus qu'il la ramone et plus qu'elle s'embellit. »

Je n'aime pas qu'Irma se débraille pour boire
Ouvre une aisselle à poils, s'amuse à la friser,
Dresse le sombre bout de ses tétons en poire
Et dise : « J'ai trop bu, je voudrais bien baiser. »

Je n'aime pas à voir sept gougnottes en groupe
Qui vont chier ensemble au jardin, n'importe où,
Pour voir l'étron sortir du milieu de la croupe
Et se torcher le cul d'un coup de langue au trou.

Je n'aime pas à voir la grande bohémienne
Qui dit sur une route au naïf écolier :
« Montre-moi ta bibitte et tu verras la mienne »,
Puis lui présente un con touffu comme un hallier.

Je n'aime pas la gosse amatrice d'andouilles
Qui suçant un long vit jusqu'aux choses poilues
Le mord avec fureur, le tranche au ras des couilles
Et soupire : « Pardon ! je ne le ferai plus. »

Je n'aime pas à voir que Gilda langoureuse
Serre contre son cour sa pine en caoutchouc
Et dise : « Cher amour, que tu me rends heureuse !
Fais-moi jouir encore, situ bandes, mon chou. »

Je n'aime pas à voir ce bordel de Narbonne
Où deux jeunes soldats, qu'il faudrait surveiller
Restent dans le couloir pour enculer la bonne,
Puis lui coupent sa bourse au lieu de la payer.

Je n'aime pas à voir la mercière en cornette
Se tromper de client quand j'arrive au comptoir
Et dire à la trottin : « Mademoiselle Annette !
C'est pour vous enculer, passez dans le foutoir. »

Je n'aime pas Fifi, haute comme une puce
Qui me dit en m'offrant un bouquet de deux sous
« M'sieur ! Prenez un sapin ! Laissez que je vous suce
Et vous tâterez bien ma fente par-dessous. »

Je n'aime pas l'enfant, la pauvre bouquetière,
Qui gagne beaucoup moins à vendre son muguet
Qu'à sucer les passants le long du cimetière
Pendant que sa grand-mère, à deux pas, fait le guet.

Je n'aime pas au lit la petite Lucile,
Qui prend son pauvre con douillet et cramoisi
Dit : « J'aime mieux sucer, maman, c'est plus facile »
Et qu'on gifle d'un mot : « Tu baiseras aussi. »

Je n'aime pas Fifi qui raconte : « C'est drôle ;
Maman a mille poils, moi rien qu'un peu,
Et chaque soir papa nous baise à tour de rôle,
Mais toujours moi d'abord, et maman quand il peut. »

Je n'aime pas à voir la naïve promise
Qui tire par le vit son petit prétendu
Et dit, en soulevant sa cotte et sa chemise :
« Ce qu'on a de fendu, ça n'est pas défendu. »

Je n'aime pas l'élève avec sa grosse tresse
Qui, seule dans la classe, écrit sur le tableau :
« J'ai fait soixante-neuf avec la sous-maîtresse
Son foutre me dégoûte. Il fait comme de l'eau. »

Je n'aime pas à voir la trottin blonde et rose
Qui lève ses jupons, pisse dans le ruisseau
Et dit au sénateur qui regarde son chose :
« T'as jamais vu de con, espèce de puceau ? »

Je n'aime pas à voir la bouche d'une Anglaise
Avaler un grand vit qui bande éperdument.
Je n'aime pas à voir surtout qu'elle s'y plaise
Jusques à décharger plus tôt que son amant.

Je n'aime pas à voir, chez la mauresque où j'entre,
Fatma qui montre à nu tout son corps moricaud
Et puis danse du cul comme on danse du ventre
En disant : « Moi, je fais ça kif kif bourricot. »

Je n'aime pas à voir la gosse dans la rue
Qui dit : « M'sieur, j'ai trop bu. Emmenez-moi pisser ! »
Puis qui tripote et prend les tétons d'une grue
Et crie : « Où qu'est ma pine ? On lui ferait sucer. »

Je n'aime pas à voir que la pauvre Ninette
Se branle sur sa mère et lui dise : « Maman !
Maman ! lèche mon cul ! Maman, fais-moi minette
Ou laisse-moi sortir, que je trouve un amant. »

Je n'aime pas à voir la pucelle irritable
Qui pour peu qu'on lui touche une cuisse à dîner
Crie en riant : « Papa ! je jouis sous la table !
Je voudrais bien sortir pour me faire piller. »

Je n'aime pas à voir la pauvre gosseline
Qui se graisse l'anus mais se trompe de pot,
S'encule de moutarde au lieu de vaseline
Et hurle en aboyant comme un petit cabot.

Je n'aime pas à voir un vieux con, rouge et chauve,
Qui se gonfle d'amour et dégueule son rut,
Bâille et bave en ouvrant un large vagin mauve
Et dit : « Je t'aime ! » (Hélas !) quand je soupire :
« Zut ! »

Je n'aime pas qu'un homme assis sur une chaise
Enfile par-derrière une pauvre trottin
Et lui fourre deux doigts au cul lorsqu'il la baise,
Pour se branler la pine à travers l'intestin.

Je n'aime pas qu'Iris en mousseline bleue
Caresse au bal ma verge et dise en la baisant :
« Je commence toujours les romans par la queue. »
Le mot est vif, ma chère, encore qu'il soit plaisant.

Je n'aime pas, après un long flirt équivoque
La jeune fille en blanc qui voudrait s'en aller
Et qui, lorsqu'on lui dit : « Cette histoire vous
choque ? »
Répond gaiement : « Non ! non ! mais je vais me bran-
ler. »

Je n'aime pas à voir la servante bretonne
Qui, sur le canapé, baise avec le valet
Puis se torche dans la housse de cretonne
Et se met à genoux pour dire un chapelet.

Je n'aime pas à voir dans la rue, à Bruxelles,
L'horrible maquignonne, au visage hideux,
Qui dit : « Joli bandeur, voulez-vous des pucelles ?
J'en loue à tous les prix, depuis cinq francs les deux ! »

Je n'aime pas à voir la grosse douairière
Qui, pour rester fidèle au feu duc, son cocu,
Fait l'amour tous les soirs par le trou de derrière
Et crie à ses valets : « La valetaille ! en cul ! »

Je n'aime pas à voir la bonne de Marcelle
Qui, chaque soir, au lit la gougnotte (ô combien !)
S'assure en même temps qu'elle est toujours pucelle
Et qui dit à sa mère en passant : « Tout va bien. »

Je n'aime pas, qu'à poil, deux sœurs couchent ensemble
Se touchent par-devant et derrière aussi ;
Puis d'un long doigt bandeur qui masturbe et qui
tremble
Se branlent pour leurs flirts et se disent : « Merci. »

Je n'aime pas qu'un soir la fille de cuisine
Sculpte une pine en bois sans couillons par dessous,
Puis, subrepticement, la passe à ma cousine
Qui crie : « Ah ! que c'est chic ! » et lui donne cent sous.

Je n'aime pas à voir la joyeuse Niniche
Qui dit en s'excusant de revenir si tard,
« Maman, je suis pucelle, on veut voir ma moniche
Ils m'ont tous fait l'amour par le petit pétard. »

Je n'aime pas à voir qu'une femme de chambre
Déconne sa maîtresse au lit sans s'excuser,
Empoigne avec fureur son maître par le membre
Et s'enfile en criant : « C'est mon tour de baiser ! »

Je n'aime pas qu'un homme, aux brutales caresses,
Retroussant un trottin debout dans le métro,
Lui foute impudiquement sa pine entre les fesses
Et décharge en disant : « Pardon ! je bandais trop ! »

Je n'aime pas à voir la maîtresse du Pape
Qui, pour monter en grade et changer de milieu,
Coïte avec un Christ en forme de Priape
Et se croit chaque soir la maîtresse de Dieu.

Je n'aime pas à voir, tout près d'une ingénue
Qui, d'un doigt leste et dur, se branle devant eux,
Un fils tout nu piner sa mère toute nue.
Ce n'est pas seulement immoral. C'est honteux.

Je n'aime pas à voir qu'à l'hôtel la gérante,
Invitée à fournir sur l'heure une putain,
Se présente elle-même au numéro quarante
Disant : « Je peux baiser jusqu'à demain matin. »

Je n'aime pas la noce aux portes de la ville
Où la fille d'honneur, que je baise debout,
Crie : « Au secours, Maman ! Y en a un qui m'enfile ! »
Même si chacun sait que sa mère s'en fout.

Je n'aime pas à voir sous la verte crépine
Le lycéen qui baise et la fille qui geint.
Non qu'elle soit en rut mais parce que la pine
Blesse le chancre à vif qu'elle a dans le vagin.

Je n'aime pas à voir la jeune fille amère
Qui dit : « Je me résigne à n'avoir pas d'amant
Mais depuis dix-huit mois que je gousse ma mère
Je voudrais bien changer de cul, pour un moment. »

Je n'aime pas à voir la fillette qui suce
Et qui, juste au moment que le foutre jaillit,
Recule sur les draps pour se prendre une puce
Tandis que le miché décharge sur le lit.

Je n'aime pas qu'un homme errant dans une allée
Trousse une pauvre jupe, enfile un pauvre anus,
Puis, cherchant par-devant le con de l'enculée,
Trouve un petit Priape au lieu d'une Vénus.

Je n'aime pas à voir la fille encore petite
Qu'un vieux flagellateur frappe sans la baiser
Et qui me dit dehors : « M'sieur ! Enfilez-moi vite
J'ai besoin de le faire. On vient de me fesser. »

Je n'aime pas à voir mousser la grosse bonne
Qui fout six coups par jour avec un vieux flacon
Et ne veut plus s'asseoir que sur une bonbonne
Pour se foutre un goulot dans la gorge du con.

3

Je n'aime pas à voir la vierge trop honnête
Qui fait soixante-neuf sur un joli garçon
Et suce tout, pourvu qu'on lui fasse minette,
Mais qui n'a jamais joui la pine dans le con.

Je n'aime pas à voir dans l'église Saint-Pierre,
Le touriste qui trousse une fille à genoux,
Lui pousse un large vit dans le trou du derrière
Et soupire en citant l'Évangile : « Aimons-nous ! »

Je n'aime pas la fille aux poils couleur de crotte
Qui se trousse en disant : « Chéri ! viens t'amuser ! »
Puis se laisse frotter la pine sur sa motte
Quand le miché prudent veut jouir sans baiser.

Je n'aime pas à voir une fille admirable
S'accroupir, s'enculer, s'empaler sur mon vit
Et grouiller du derrière et frissonner du râble
En disant : « Branle pas ! mon amour ! ça suffit ! »

Je n'aime pas à foutre un fœtus d'avant-terme.
Je vois : C'est une fille avec un petit con,
Je crève le cul rouge et pisse un jet de sperme
Mais sans goût, sans amour vraiment, sans passion.

Je n'aime pas à voir Rachel sur mon amie
M'inviter par le cul pour goûter à la fois
Les plaisirs du saphisme et de la sodomie,
Et glapir : « Il m'encule ! Il m'encule ! Tu vois ! »

Je n'aime pas à voir, après sa fausse couche,
La dame aux seins gonflés qui dit en rougissant :
« Si vous m'aimez toujours, faites-le dans ma bouche
Je ne peux plus baiser. Ma matrice descend. »

Je n'aime pas à voir la stupide gamine
Qui, prise au coin d'un bois, s'égosille à gueuler,
Pousse d'horribles cris aux premiers coups de pine
Et qu'il faut estourbir pour la dépuceler.

Je n'aime pas à voir la brune couturière
Qui, voyant sa cliente en pantalon fendu,
Lui fourre un doigt mouillé dans le trou du derrière
Et lui dit : « C'est meilleur par où c'est défendu ! »

Je n'aime pas qu'au lit, la mère, sans scrupule,
Branle son fils, le fasse horriblement bander,
Puis s'enconne en disant : « Baise-moi donc crapule !
Fous-moi la pine au cul sans me le demander. »

Je n'aime pas à voir la fillette annamite
Qu'on loue au jour le jour pour un petit écu,
Mais qui n'est pas dressée au plaisir sodomite
Et ne gagne son pain que par le trou du cul.

Je n'aime pas à voir le potache indocile
Lequel, sachant très bien que ce n'est pas permis,
Couche à poil tous les soirs avec sa sœur Lucile
Et, dès qu'elle est enceinte, accuse ses amis.

Je n'aime pas à voir une blonde ingénue
Qui me laisse palper sa vulve dans un coin,
Manie avec plaisir ma verge toute nue,
La branle dans ses poils et me dit : « Pas plus loin ! »

Je n'aime pas qu'un vit sorti d'un con trop large
Défonce horriblement le trou du cul voisin,
Lorsque la fille hurle : « Au satyre ! Il décharge !
Il me crève ! Il m'encule ! Au meurtre ! À l'assassin ! »

Je n'aime pas à voir au bal, ce vestiaire
Où, sous l'œil complaisant de la bonne qui rit,
Ma danseuse reçoit mon vit dans le derrière
Et se branle et dit : « Va ! » mais sans pousser un cri.

Je n'aime pas la mère offrant sa fille morte
(Quatorze ans, quatre poils, pucelle, et cotera)
Disant : « Amusez-vous, mais fermez bien la porte
Et pinez-la partout, tant que ça vous plaira. »

Je n'aime pas, Judith, celles pour qui tu mouilles ;
Ces vaches de Lesbos qui n'ont pas de taureaux,
Prennent tous les tétons pour des paires de couilles
Et les godmichés pour des godelureaux.

Je n'aime pas à voir la dame qui décharge
Aussitôt que mon vit la touche aux poils du cul.
Le flot qui sort du trou la rend encore plus large.
J'aime trop son mari pour le faire cocu.

Je n'aime pas à voir la mère de famille
Avec un godmiché bandant jusqu'au nombril
Murmurer en ouvrant les cuisses de sa fille :
« Ne me dis pas maman ; dis-moi petit mari. »

Je n'aime pas à voir la fille du concierge
Qui me dit, à quinze ans, sur mon petit palier :
« Emmenez-moi chez vous pour voir si je suis vierge. »
Et qui n'a plus un seul pucelage à souiller.

Je n'aime pas à voir la brune blanchisseuse
Qui me dit en montrant sa fille aux yeux baissés :
« Pour saloper un lit elle est bonne baiseuse
Mais pour laver les draps elle n'est pas forte assez. »

Je n'aime pas à voir la gosse qui murmure :
« Je marche par la fente et par le petit trou. »
Quand la putain d'enfant n'est pas encore mûre
Et n'a pas un seul poil… je n'ose vous dire où.

Je n'aime pas à voir la jeune fille infâme
Qui joue à violer sa mère sur son lit
Et qui crie : « Ah ! putain ! salope ! t'es ma femme ! »
Quand sa mère répond : « Tu bandes, mon joli ? »

Je n'aime pas à voir un long vit écarlate
Luisant de vaseline et merdeux par-dessous
Enculer le trottin dont l'anus se dilate
Et qui crie : « Ah ! cochon ! ça valait bien cent sous ! »

Je n'aime pas à voir au fond d'une guinguette
La tonnelle où Fifi déjeune avec Julot,
Suce le vit bandant tiré de la braguette
Et crie : « Ah ! qu'il est bon ! Quel foutre de salop ! »

Je n'aime pas qu'Irma réponde à son aïeule :
« Mais c'est vrai qu'on m'encule ! Ouvre-moi le foiron.
Je te chierai du foutre au milieu de la gueule
Et t'auras de la sauce autour de mon étron. »

Je n'aime pas à voir dans un pissoir humide
La gamine qui suce un gros patron boucher,
Boit le foutre, dégueule, et dit d'un air timide :
« M'sieur ! donnez-moi dix sous pour aller me cou-
cher. »

Je n'aime pas à voir ces filles de gougnottes
Qui montrent leurs petits derrières vicieux
Et disent : « Oui ! mais oui ! nous sommes des flottes !
Nos moniches pour nous. Nos culs pour les mes-
sieurs. »

Je n'aime pas la fille au pur profil de sainte,
La vierge au con bardé par un gros pantalon

Qui soupire : « Papa ! maman ! je suis enceinte ! »
Et qui pisse une gosse au milieu du salon.

Je n'aime pas à voir le lycéen coupable
Qui va montrer sa pine à la bonne d'enfants,
Laquelle entre en chaleur et baise sur la table
Et crie : « Ah ! jouis pas ! Monsieur ! Je vous défends ! »

Je n'aime pas à voir deux filles concubines
Se gousser sur leur lit pour la septième fois
Et dire : « Pourquoi donc sucerais-je des pines ?
Ton foutre seul me plaît. C'est lui seul que je bois. »

Je n'aime pas qu'un veuf dise sa jeune bonne :
« Sucez-moi bien la queue et vous aurez deux sous. »
Chacun voit qu'il la trousse et même qu'il l'encule
Mais s'en faire téter, c'est trop. Qu'en dites-vous ?

Je n'aime pas à voir qu'une gamine, en verve,
Se chatouille l'anus et dise à sa maman :
« Dieu m'a donné deux trous, c'est pour que je m'en
serve :
L'un pour mon enculeur, l'autre pour mon amant. »

Je n'aime pas à voir trois petites gamines
M'offrir leurs pauvres culs doublement effondrés,
Élargis par les doigts, défoncés par les pines,
Et dire en chœur : « Monsieur !… tout ce que vous vou-
drez. »

Je n'aime pas à voir le satyre farouche
Qui fesse une trottin près d'un sentier désert,
L'enfile par le con, par le cul, par la bouche,
Puis lui taille un vagin dans l'aisselle et s'en sert.

Je n'aime pas à voir la mère complaisante
Qui mouille à pleine bouche un vit américain
Pour l'entrer dans l'anus que sa gosse présente
Et qui s'écrie : « Il bande ! Ah ! le petit coquin ! »

Je n'aime pas à voir la vierge au doigt lubrique
Qui, les deux pieds en l'air, masturbe sur le lit
Son pucelage en rut, gonflé, couleur de brique,
Et décharge en baisant le roman qu'elle lit.

Je n'aime pas à voir le puceau du Parnasse
Qui prend une pierreuse en guise de houri,
L'entraîne sous un pont, lui lèche la connasse
Et trouve que l'amour sent le poisson pourri.

Je n'aime pas à voir le docteur en percale
La matrone qui soigne une fille d'amour
Et gaiement la condamne à la douche buccale,
C'est-à-dire à sucer vingt-cinq hommes par jour.

Je n'aime pas à voir la jeune chevrière
Qui présente au bouc noir son petit cul tout nu
Mais se fourre le vit du bouc dans le derrière
De peur d'avoir un fils ruminant et cornu.

Je n'aime pas à voir le cocher de remise
Qui, sur le quai désert, enfile sa jument
Puis essuie à l'écart son vit dans sa chemise
Et regarde le con qui bâille encor fumant.

Je n'aime pas qu'au bal, par déveine ou par niche,
Quand je flanque mon pied au cul d'une beauté,
Mon petit soulier droit reste dans sa moniche
Et me laisse perplexe en boitant de côté.

Je n'aime pas à voir la nièce consentante
Qui douce, et toute nue, et la main sur les yeux
Darde la langue au cul de son énorme tante
Et pleurniche : « Maman, j'aime encore mieux le
vieux. »

Je n'aime pas à voir un vit solide et large
Enculer une Agnès immonde, qui s'en fout,
Et qui crie : « Eh ! maman ! faut-il que je décharge ? »
Et se tord le derrière avec un rire fou.

Je n'aime pas coucher dans l'herbe, à la campagne
Avec une bergère aux tétons chauds et droits
Qui m'empoigne les poils, prend sa main pour un
pagne
Mais qui laisse mon vit passer entre ses doigts.

Je n'aime pas à voir la jolie Argentine
Qui trousse la nounou, lui promet un louis,

Caresse le téton, fait bander la tétine
Et se la plante au sexe en criant : « Je jouis ! »

Je n'aime pas à voir Irma changée en Muse
Qui se saoule le jour de son couronnement
Et répond : « Je sais plus par quel trou je m'amuse.
Enfilez-moi partout sans le dire à maman. »

Je n'aime pas à voir qu'une gousse ironique
Suce un clitoris gros comme un bout de nichon,
Puis le lâche, l'insulte et lui fasse la nique
En disant : « Branle-toi tout seul, petit cochon. »

Je n'aime pas à voir dans la cour de la ferme
Le valet qui déflore un coq sur le fumier
Et qui perd dans son cul sept décharges de sperme
Quand il pourrait baiser les filles du fermier.

Je n'aime pas à voir la jeune fille amère
Qui tire un godmiché d'une table de nuit,
Se branle avec, et dit : « C'est l'amant de ma mère.
Il la baise, il l'encule et tout ce qui s'ensuit. »

Je n'aime pas à voir la vierge simple et douce
Qui dit : « Merde ! on s'écorche à se branler pour vous,
Dépucelez-moi vite ou bien je me fais gousse
Et la pine ou le con, vous savez, je m'en fous. »

Je n'aime pas à voir, le soir, à Saint-Eustache
La dévote à genoux que j'encule si bien

Et qui me dit : « Monsieur ! comme le foutre tache
Finissez dans ma bouche et nul n'en saura rien. »

Je n'aime pas à voir qu'une souillon d'auberge,
Sitôt qu'un voyageur doute de sa vertu,
Se trousse jusqu'aux poils pour montrer qu'elle est
vierge
Et crie en s'écartant : « Tiens ! cochon ! bandes tu ? »

Je n'aime pas à voir cette Sapho mascule
Qui, dans sa chambre, habille une fille en garçon,
Lui baisse la culotte et froidement l'encule
Avec un godmiché plus gros qu'un saucisson.

Je n'aime pas à voir deux gousses en famille
Dont l'une fait la femme et l'autre le mari
Adopter un enfant comme leur propre fille
Pour leur lécher le cul, la bouche et le nombril.

Je n'aime pas à voir pendant sa nuit de noces
Un jeune époux trousser la pucelle, et jaunir
En trouvant sur le ventre, autour des poils en brosse,
Trois gros vits tatoués près du mot : « Souvenir. »

Je n'aime pas à voir la jeune chevrière
Qui se trousse à genoux au milieu du troupeau
S'ouvre au bouc noir qui vient la saillir par-derrière
Et lui rit quand les poils lui chatouillent la peau.

Je n'aime pas à voir la mère trop bonasse
Montrer à ses enfants le con qui les cracha
Et les entendre dire : « Oh ! la sale connasse !
Faut pas compter sur nous pour te bouffer le chat. »

Je n'aime pas à voir que la mode se perde
D'introduire le vit aux filles par le con.
À force de les foutre en cul jusqu'à la merde
Elles n'ont plus qu'un trou. De quoi sert le second ?

Je n'aime pas à voir à l'heure où l'on se couche
La putain qui m'aborde avec des yeux ardents
Et sans me dire un mot, fourre un doigt dans sa bouche
Pour m'offrir de pisser mon foutre là-dedans.

Je n'aime pas à voir que Margot s'accroupisse
Devant une façade, ouvre son cul tout nu,
Vise le soupirail de la cuisine et pisse
Sur l'entremets glacé d'un honnête inconnu.

Je n'aime pas à voir la bouche obscène et large
D'Iris qui suce au parc le vit d'un bourricot
« Pour savoir si c'est bon quand un âne décharge »
Et qui trouve à son foutre un parfum d'abricot.

Je n'aime pas à voir la Princesse de Z…
Toute nue et très grise au milieu d'un souper
Se fourrer dans la vulve un os de gigot tiède
Et foutre avec ce vit nouveau, pour s'occuper.

Je n'aime pas à voir la môme ridicule
Qui va dire en pleurant aux commissariats
« Depuis que j'ai neuf ans mon grand-père m'encule ! »
Et pour si peu de mal nous fait tant d'arias.

4

Je n'aime pas à voir la mère sans prudence
Qui fait coucher Yvonne avec son frère aîné,
Puis entre en entendant gémir le lit qui danse
Et les trouve la pine au con, et l'air gêné.

Je n'aime pas à voir la vierge qui se trousse
Debout devant la glace, une brosse à la main,
Brosse jusqu'au nombril sa longue toison rousse
Et se fourre le manche à fond dans le chemin.

Je n'aime pas à voir la gourmande Christine
Sucer le con diva que le foutre inondait,
Laper comme une enfant qui lèche une tartine
Et lui prêter sa bouche en guise de bidet.

Je n'aime pas à voir deux filles du même âge
Tête-bêche au milieu de leur lit virginal
Lécher leurs petits cons encore sans plumage
En avalant des vits par l'orifice anal.

Je n'aime pas à voir une célèbre grue
Entrouvrir son derrière au-dessus du balcon
Et pisser un torrent d'urine dans la rue
Devant quinze gamins qui lui zyeutent le con.

Je n'aime pas à voir la gosse qui babille
Dire qu'elle a pas de poils, qu'elle fait tout, tout,
Mais ne peut pas sucer sans qu'elle dégobille
Et que pour l'enculer, faut bien mouiller le trou.

Je n'aime pas à voir le potache qui passe
Une photographie obscène de sa sœur
Pour faire brusquement bander toute la classe
Et (quand il est surpris) bander le professeur.

Je n'aime pas à voir dans les rocs de Sallanches
La Savoyarde en rut qui se trousse debout,
Montre sa vulve noire entre deux cuisses blanches
Et soupire : « Merci » chaque fois qu'on la fout.

Je n'aime pas à voir une obscène pucelle
Qu'on déflore aux deux trous et morceau par morceau
Et qui veut qu'on la foute un coup sous chaque aisselle
Pour n'avoir plus un poil qui reste encore puceau.

Je n'aime pas à voir un vieux garçon morose
Prendre dans un bordel la bonne de son choix
Qui se laisse enculer et fait feuille de rose
Dix-sept heures par jour pour trente francs par mois.

Je n'aime pas les mœurs des îles Philippines
Où l'on voit en public, sur le seuil des maisons,
Des filles s'enfiler avec de fausses pines
Dès qu'elles ont vidé les couilles des garçons.

Je n'aime pas qu'Iris, quand sa motte est coiffée,
Considère son cul dans une glace à main,
Poudre ses cuisses d'ange, ouvre sa chair de fée,
Puis s'avive l'anus au crayon de carmin.

Je n'aime pas qu'Iris, de ses tétons en poire,
Se fasse un autre con pour mon vit plus nerveux.
Le foutre qui jaillit et qu'elle voudrait boire
Se perd sur son visage et dans ses purs cheveux.

Je n'aime pas à voir la princesse de Grèce,
Qui, menée au bordel par sa fille d'honneur
Frotte sa bouche obscène au cul de la négresse
Et crie en déchargeant : « C'est là qu'est le bonheur ! »

Je n'aime pas à voir la pauvre maquerelle
Qui, sur le tard, s'éprend d'une de ses putains,
Lui baise le derrière et se branle sur elle
Sans émouvoir le con ni raidir les tétins.

Je n'aime pas à voir la souple Marceline
Qui dit à son cousin : « Mon chéri, bandes-tu ?
Viens m'enculer, mais oui j'ai pris ma vaseline. »
Ce langage est lascif et blesse la vertu.

Je n'aime pas à voir la pucelle qui gueule
« Je suis trop en chaleur, maman je vais baiser
C'est crevant de toujours me branler toute seule
Quand j'ai partout du poil qui commence à friser. »

Je n'aime pas à voir le garçon sur la fille
Donner des coups au cul et danser le galop
Aux applaudissements de toute la famille
Qui dit : « Ça vient, putain ! Fais-la jouir, salop ! »

Je n'aime pas à voir le potager plein d'ombre
Où la fille de ferme, accroupie à l'écart,
Célèbre ses amours avec un vert concombre
Dans un con large et chaud qui gante seize un quart.

Je n'aime pas à voir deux bras en fil d'Écosse
Composer sur mon lit le vêtement complet
De l'impubère enfant, de la très sale gosse,
Qui tête encore mon vit pour me tirer du lait.

Je n'aime pas à voir l'époux à la mairie
Qui, dès que son désir reçoit le sceau légal,
Flanque sa pine au con de sa femme chérie
Pour remplir en public le devoir conjugal.

Je n'aime pas à voir la jeune mariée
Dire au jeune mari : « Mon petit Adrien,
Sur les lèvres du con, je suis avariée.
Encule-moi plutôt, tu n'attraperas rien. »

Je n'aime pas à voir la dame très bien mise
Qui, sitôt qu'un monsieur demande : « De qui c'est ? »
Relève son manteau, sa jupe et sa chemise
Et dit : « Mes poils du cul viennent de chez Doucet. »

Je n'aime pas à voir la vieille phallophore
Plonger un godmiché bénit par Sa Grandeur
Dans l'honorable con de Lucy Phélix Phaure
Qui minaude : « finis, vilain petit bandeur ! »

Je n'aime pas qu'un prêtre, absolvant ses ouailles,
Trouve dix-sept garçons qui, du soir au matin,
Ont gaiement enfilé Madame de Noailles
Et disent avec un soupir : « Quelle putain ! »

Je n'aime pas à voir la jeune sous-préfète
Qui dit en se troussant à la fin d'un dîner :
« Si je montre mon cul, c'est que je suis bien faite,
Messieurs, mais ce n'est pas pour le faire piner. »

Je n'aime pas à voir, gravée en frontispice,
Une Agnès qui se branle, et cette inscription :
« Papa, quand je décharge on dirait que je pisse. »
C'est mal d'encourager la masturbation.

Je n'aime pas Philis, tendre violoniste,
Qui répond, en fermant ses admirables yeux :
« En musique, monsieur, je ne suis qu'onaniste,
Et c'est encore Yseult qui me branle le mieux. »

Je n'aime pas à voir la chrétienne économe
Qui baise avec son fils dans le sein du péché
Parce que c'est trop cher de payer un jeune homme
Et qu'elle a déchiré son dernier godmiché.

Je n'aime pas à voir la rêveuse peintresse
Qui, fière de son poil récemment épaissi,
Se peigne à fond, l'allonge et s'en fait une tresse
Pour être tout à fait Léonard de Vinci.

Je n'aime pas à voir dans un bal triste et piètre
La jeune fille en bleu baiser sur le balcon
Et prendre ingénument des rideaux de fenêtre
Pour essuyer la pine et se torcher le con.

Je n'aime pas à voir deux jeunes lycéennes
Écrire bouche à bouche un volume de vers
Intitulé : « Les Poils pleureurs des lesbiennes
Ou l'art de regarder les vulves à l'envers. »

Je n'aime pas à voir la fille au con hirsute
Qui s'expose en levrette et se branle dessous
En criant : « Ha ! Ça vient ! lèche mon cul, je jute ! »,
Au vieux miché qui lèche, et qui donne cent sous.

Je n'aime pas à voir la petite gamine
Qui dit au vieux pinceur : « Espèce de poussah !
Si vous voulez mon cul pour vous laver la pine
Faudrait le demander plus poliment que ça. »

Je n'aime pas à voir la malheureuse arpète
Qui ne peut plus s'asseoir et pleure à l'atelier :
« Ils me font tous l'amour par le trou que je pète,
J'en fais caca partout, jusque dans mes souliers. »

Je n'aime pas à voir au con d'une danseuse
Le sperme du coiffeur qui vient de la farder,
S'il me fallait la foutre encore toute poisseuse
Pas un poil de son cul ne me ferait bander.

Je n'aime pas à voir dans les « Dames seules »,
Deux filles de quinze ans, allant en pension,
Frottent leurs petits culs sur leurs petites gueules
Et se fassent minette avant la station.

Je n'aime pas à voir quand j'achète un cantique
La vendeuse passer la langue entre ses dents,
Faire un signe de l'œil vers l'arrière-boutique
Et me sucer le vit sitôt qu'elle est dedans.

Je n'aime pas à voir une sainte nitouche
Paisible à sa fenêtre et d'un air innocent,
Cracher le foutre épais qui lui remplit la bouche
Pour le regarder choir sur la tête d'un passant.

Je n'aime pas à voir, que par économie,
Un garçon qui pourrait payer une putain
Donne à sa jeune sœur des goûts de sodomie
Et soit toujours planté dans son gros intestin.

Je n'aime pas à voir quand je joue une aubade
La dame de mon cœur apparaître au balcon
Toute nue à minuit avec une tribade
Qui porte un godmiché bandant sur l'os du con.

Je n'aime pas à voir la fille qui décharge,
Qui s'agite et qui crie en se gorgeant la chair
Avec une aubergine extravagamment large,
Les cuisses sur le ventre et les deux pieds en l'air.

Je n'aime pas à voir la fille peu farouche
Qui, près du piano, suce son professeur
Et puis, comme un bonbon, de la bouche à la bouche,
Fait avaler le foutre à sa petite sœur.

Je n'aime pas à voir, la nuit, près de la darse,
Les jambes dans la boue et le vit dans la « M »,
Un matelot brutal enculer une garce
Avec une momifie en guise de cold-cream.

Je n'aime pas à voir dans un bal de familles
Que l'hôtesse dispose une chambre d'ami
Et des lits de repos, au gré des jeunes filles,
Pour sucer leurs danseurs ou se faire mirai.

Je n'aime pas à voir une enfant qui pleurniche
Et qui dit qu'un monsieur qu'elle ne connaît pas
À pissé du blanc d'œuf au bord de sa moniche
Et que ça lui fait mal dans le cul par là-bas.

Je n'aime pas à voir ces petites grenouilles
Qui rôdent sous la pluie et qui parlent gascon
Avec une main prête à vous prendre les couilles
Sous une bouche en fleur prête à servir de con.

Je n'aime pas à voir ces gamines, en outre,
Qui branlent les messieurs sur des tranches de pain
Et qui font sucrer leurs tartines de foutre
Par un petit marchand de gaufres suburbain.

Je n'aime pas à voir les pâles apprenties
Raccrocher les flâneurs, se trousser le chiffon
Pour montrer qu'elles n'ont pas de poils aux parties
Et ne pas se vanter d'avoir un chancre au fond.

Je n'aime pas à vair la fillette morose
Turbiner par la bouche et par le troufignon
Et faire le travail avec feuille de rose
Avant son catéchisme et sa communion.

Je n'aime pas à voir qu'une fille se plaise
À suivre au cabinet son frère, et non sans goût,
Pour se faire enculer sur le siège à l'anglaise
Et noyer l'embryon dans le tout-à-l'égout.

Je n'aime pas à voir sous les yeux d'une aïeule
La mère et les trois fils faire un papa cocu.
Le premier par le con, le second par la gueule
Et le petit dernier par le tuyau du cul.

Je n'aime pas à voir la fillette morose
Que sa marraine exerce au culte de Sapho
Mais qui ne sait pas bien faire feuille de rose
Ni mordiller les lèvres comme il faut.

Je n'aime pas à voir la gosse qu'on enferme
Dans un cabinet noir parce qu'elle a tété
Son frère, et que, la bouche encore pleine de sperme,
On l'a vue au salon cracher ça dans le thé.

Je n'aime pas à voir la sale galopine
Qui fait signe d'en face au gamin du second
Et qui prend vivement son doigt pour une pine
Quand le petit bandeur prend sa main pour un con.

Je n'aime pas la dame aux formes de statue
Qui se fait reconduire et dit en arrivant :
« J'ai deux filles. Montez. Je vous les prostitue,
Cette nuit par-derrière, et bientôt par-devant. »

Je n'aime pas à voir qu'avant une enculade
Carmen se plante au cul vers la fin du repas
Le bouchon de l'huilier prévu pour la salade.
Quelque raison qu'elle ait, cela ne se fait pas.

Je n'aime pas qu'Hélène au centre de la table
Se fasse foutre en cul plus d'une heure durant
Par quinze femmes, record peut-être inimitable
Qui donne un triste exemple aux culs du restaurant.

Je n'aime pas à voir comme une double poutre
En chevron, l'un vers l'autre implantés dans le cul,
Deux membres monstrueux soulever pour la foutre
Rachel qui crie en l'air : « Quel est le plus cocu ? »

Je n'aime pas, au bal, la jeune fille étrange
Qui murmure : « Enculez ma gousse, on vous attend.
Votre foutre lui donne un petit goût d'orange
Au trou du cul. Faut-il qu'on vous en dise tant ? »

Je n'aime pas à voir qu'un jeune homme se vautre
Sur ses deux sœurs et prenne un plaisir toujours neuf
À foutre l'une et l'autre en cul l'une sur l'autre
Sitôt qu'elles se font un peu soixante-neuf

Je n'aime pas à voir la lycéenne exclue
Répondre au professeur en passant devant lui :
« Je ne me branle pas, monsieur, je me pollue.
Je vais recommencer dehors, mais j'ai joui. »

Je n'aime pas à voir cette rue en virgule,
Où chambres, mastroquets, trottoirs, bordels, balcons
Sont exclusivement aux filles qu'on encule
Et qui font de leurs culs des espèces de cons.

Je n'aime pas qu'au bal une vierge articule :
« Si vous ne comprenez que les points sur les i,
Flirtons au parc. Demandez-moi si l'on m'encule.
Si vous avez la pine bien raide, allez-y. »

Je n'aime pas à voir la famille ouvrière
Où sur le même pieu trois sœurs et leur maman
Reçoivent quatre vits dans le trou du derrière,
Quadruple inceste à poil et non sans mouvement.

Je n'aime pas à voir chez une couturière
L'arpète de treize ans qui dit à l'atelier :
« Avec un dans la bouche et deux dans le derrière,
Il ne m'en faut pas plus pour me faire mouiller. »

Je n'aime pas à voir la jeune fille infâme
Qui dit : « Oh ! moi, j'enfile et j'encule maman.
Elle me sert de tante, elle me sert de femme,
Et quand sa langue bande, elle me sert d'amant. »

Je n'aime pas qu'une âme innocente se joue
Du bouton qu'elle doit à la bonté de Dieu,
Se branle, des dix doigts, se déflore, se troue
Et pisse soudain le sang. Vraiment, c'est odieux.

Je n'aime pas qu'Yvonne, à l'affût d'une farce,
Publie au jour le jour ce que fut sa maman :
« Ma mère mise à nu, par une enfant de garce. »
Et pourtant, c'est un fort bon titre de roman.

Je n'aime pas ce 12 en chiffres majuscules
Sur ce bordel d'Alger où la bonne me dit :
« Vingt-deux putains. Ti prends la belle et ti l'encules.
Toutes nikoniko dans le cul, mon pitit. »

Je n'aime pas qu'au bal une vierge indiscrète
Toute rouge à l'écart murmure à son danseur :
« Jamais je ne me laisse enculer qu'en levrette,
La posture où jamais tu n'encules ta sœur. »

Je n'aime pas qu'un vit monstrueux, large et rude,
Un vit ivre de viol s'engouffre tout entier,
D'un seul coup, dans le saint trou du cul d'une prude
Qui depuis vingt-sept ans n'a pas d'autre métier.

Je n'aime pas la couche ample et familiale
Où trois filles se font enculer à la fois
Par leurs frères, devant leur maman qui chiale,
Se masturbe et s'encule avec ses propres doigts

Je n'aime pas la jeune Anglaise un peu tribade
Qui dit, montrant ses sœurs, sa tante et sa maman :
« Leur coup de langue est bon, mais leur foutre est si
fade
Que je préfère la pine de mon amant. »

Je n'aime pas à voir, puissamment enculée,
La fille florentine à poil, creusant les reins,
Ses deux fesses, couleur chair de Sienne brûlée
Et l'anus cramoisi dans le cul noir de crins.

Je n'aime pas la môme aux fleurs, si pâle et mince,
Qui sourit : « Sucer, m'sieur ? Avaler le siphon ?
Voulez-vous m'enculer dans le pissoir, mon prince ?
J'ai pas de poils. Cent sous, m'sieu, et la queue au fond. »

Je n'aime pas à voir la mariée en tulle qui dit :
« Je suis pucelle et je ne sais par où.
On me retourne à poil, tout le monde m'encule,
Mais j'en connais plus d'un qui se trompe de trou. »

Je n'aime pas qu'Esther, dans une sombre allée,
Dise : « Oh non, pas de flirt ! je suis trop en chaleur
Jamais je ne me branle avant d'être enculée
En levrette et faut pas qu'on se trompe de fleur. »

Je n'aime pas à voir la duchesse douairière
Qui s'éveille à midi sans autre vêtement
Qu'un large godmiché dans le trou du derrière
Et qui ne comprend bien ni pourquoi ni comment.

Je n'aime pas au bal la vierge qui murmure :
« Ne sauriez-vous bander sans me foutre en chaleur ?
Zut ! je vais me branler dans le parc. Je suis mûre.
Venez, si vous voulez me servir d'enculeur. »

Je n'aime pas à voir la famille ouvrière
Où quatre sœurs à poil veulent soir et matin
Avoir le même vit dans le trou du derrière.
C'est prendre trop à cœur le métier de putain.

Je n'aime pas à voir sur le lit d'une vierge
Deux filles s'enculer tour à tour le matin
Avec je ne sais quelle horrible fausse verge
Qui donne à leurs vertus chrétiennes l'air putain.

Je n'aime pas la dame aux paupières de sainte
Qui n'a que ses trois fils pour amants nuit et jour
Et dit : « Je ne sais pas duquel je suis enceinte,
Ma bouche et mes deux trous leur servent tour à tour. »

Je n'aime pas à voir la fille aux fesses vierges
Mise à poil devant un client, au bistro,
Sept fois jusqu'au matin fessée à coups de verges
Et sept fois enculée avec fureur. C'est trop.

Je n'aime pas Toinon qui, d'une bouche ovale,
Suce un vit jusqu'aux poils, décharge coup sur coup,
Rugit quand elle pompe et mord quand elle avale,
Puis lève ses yeux bleus vers le ciel. C'est beaucoup.

Je n'aime pas à voir la duchesse économe
Qui cherche tout l'amour avec son étalon
Et qui se fait rater comme par un jeune homme
Aux rires de l'office et du petit salon.

Je n'aime pas qu'au bal une vierge soupire :
« Monsieur, vous sucerai-je ou m'enculerez-vous ?
Car je ne ferais pas l'amour pour un empire,
Mais la bouche ou par-derrière, je m'en fous. »

Je n'aime pas qu'au bal une vierge soupire :
« Je jouis. Je voudrais vous sucer au jardin.
Ah ! je ne ferais pas l'amour pour un empire,
Mais vous m'enculerez après. C'est anodin. »

Je n'aime pas qu'Esther, de sa croupe compacte,
Avale un membre énorme en s'asseyant dessus,
Crispe sur les couillons son muscle, se rétracte
Et réclame cent sous qu'elle n'a pas reçus.

Je n'aime pas Nini qui se désarticule,
Rit, le cul sur la bouche et la langue dedans,
Mordille les couillons du miché qui s'encule
Et lui arrache trois poils d'un fort coup de dent.

Je n'aime pas qu'au bal, Maud me dise : « Je rentre.
Vous m'avez fait jouir autant que vous vouliez
Et je n'ai plus qu'un fil de foutre dans le ventre.
Je m'en suis inondé les bas jusqu'aux souliers. »

Je n'aime pas qu'Irma, petite mijaurée,
Gueule comme un putois qu'on écorche vivant,
Que deux nègres l'ont mise à nue et déflorée
Ensemble, un par-derrière et l'autre par-devant.

Je n'aime pas qu'un môme encule sa maîtresse
Devant ses quatre sœurs qui s'en font faire autant
Et quand sa mère à poil sous une mulâtresse
Semble attendre une queue et n'a pas l'air content.

Je n'aime pas à voir une fillette infâme
Traire un col de matrice atteint profondément
Pour en faire jaillir le foutre d'une femme.
C'est un jeu défendu, même avec sa maman.

Je n'aime pas à voir loin de tous les villages
Pleurer le long d'un arbre une fille en haillons
Qui bafouille : « Ah ! Jésus ! dans mes deux pucelages
La bite et les couillons dans le cul ! les couillons ! »

Je n'aime pas qu'un homme écrive, même en prose,
« L'Art d'enculer sa fille à huit ans comme à vingt,
Dressage au casse-noix comme aux feuilles de rose,
Avec l'art d'avaler le foutre, pour la fin. »

Je n'aime pas qu'un soir une vierge m'assure
« Tout le monde au château m'encule excepté vous »,
Ni qu'à mes premiers mots sur l'Enfer, la Luxure,
Elle crie à mourir de rire : « Je m'en fous ! »

Je n'aime pas qu'Éva, gamine pénitente,
Confesse : « On couche à poil. C'est mon petit frangin
Qui l'a toujours en l'air et que j'y sers de tante »,
Quand le curé demande ici : « Par le vagin ? »

Je n'aime pas que, nu sur ses deux sœurs obscènes,
Un bel adolescent qui dit avec douceur :
« Retire-toi, maman, tu gueules, tu nous gênes,
J'ai pas besoin de toi pour enculer ma sœur. »

Je n'aime pas qu'un père après une raclée
Flanque sa fille à poil devant ses trois gamins
La traite de fumier, de vache et d'enculée,
Puis l'encule par terre, à genoux sur les mains.

Je n'aime pas à voir trois sœurs à pleine bouche,
La langue dans la vulve et le cul sur les dents,
Peau sur peau, tous les soirs mouiller la même couche,
S'embarbouiller de foutre et s'endormir dedans

Je n'aime pas à voir porter le linge en ville
Par une arpète immonde et qui dit : « Je m'en fous.
Trente-six fois par jour on m'encule, on m'enfile.
J'ai pas de poil au cul, mais j'ai toujours deux trous. »

Je n'aime pas qu'au bal toute pudeur se perde
Et qu'une vierge dise à l'un de ses danseurs :
« J'aime le foutre, mais je n'aime pas la merde.
Je crains que vous n'ayez enculé mes deux sœurs. »

Je n'aime pas à voir qu'une môme articule :
« Pucelle ? oh ! oui, monsieur, mais je sais pas par où.
J'ai pas de pantalon, tout le monde m'encule,
Mais sans le faire exprès on se trompe de trou. »

Je n'aime pas à voir la vierge un peu novice
A qui je ne dis rien mais qui me prend le vit
Et soupire : « À seize ans on a si peu de vice !
Je décharge quand on m'encule. Ça suffit. »

Je n'aime pas la grande et souple jouvencelle
Qui valse en murmurant : « Oui, je mouille pour vous.
Je ne sais plus par où je suis encor pucelle.
Enfilez-moi par où vous voudrez. Je m'en fous. »

Je n'aime pas à voir une vierge qui tangue
Ventre à ventre et qui dit à son jeune danseur :
« Un mélange enragé parfume encor ma langue :
Le foutre de ta mère et celui de ta sœur. »

Je n'aime pas que Miss fasse traire à la ferme
Le taureau, l'étalon, le bouc et le fermier,
Savoure avec lenteur quatre cocktails de sperme
Et délibérément préfère le premier.

Je n'aime pas à voir la jeune chevrière
Se trousser à genoux entre deux tas de foin
Et se planter le vit du bouc dans le derrière.
C'est péché. Les docteurs concordent sur ce point.

Je n'aime pas à voir ce bordel de Narbonne
Où les putains font grève à neuf heures du soir
Pour que tous les michés retournant la patronne,
La privent pour toujours du plaisir de s'asseoir.

Je n'aime pas à voir la dame qui frissonne
Au service divin d'un culte protestant
Et murmure à mi-voix : « Petite polissonne ! »
Le pasteur qui parlait s'interrompt, mécontent.

Je n'aime pas au temple et vers la fin du prêche
Certains mots : « Oui, ma gousse. À minuit.
— Dans mon pieu ?
— Oui, putain. Qu'on t'encule avant que je te lèche. »
Ces frivoles discours me détournent de Dieu.

Je n'aime pas à voir le grand godmiché double
Forcer par les deux trous les nouvelles Saphos.
Jamais fille d'honneur souffrit-elle sans trouble
Deux membres à la fois dans le cul ? Vrais ou faux ?

Je n'aime pas qu'un pâtre encule une bergère
Jusqu'au milieu du corps, à treize ans, dans les foins,
Puis lui décharge dans la bouche. Il exagère.
La sagesse en amour se contente de moins

Je n'aime pas qu'au « sept », patronne et sous maîtresse
Pour gagner trente francs offerts par un miché,
Se laissent enculer trois fois par la négresse
Et pour cent sous de plus, sucent le godmiché.

Je n'aime pas à voir sous leurs blanches cagoules
Ces Mauresques du soir qui disent : « Viens chez nous.
Petite fille à poil, un douro, ti l'encoules.
Dix ans, makach tétés, ti l'encoules six coups. »

Je n'aime pas à voir la jeune péronnelle
Qui ne veut plus danser mais jouir à Bullier,
Enfourche un rapin, sous la septième tonnelle,
Et s'empale au hasard par le goulot culier.

Je n'aime pas à voir qu'une vierge en levrette
Se coule au trou du cul le vit de son danseur.
Puis s'écrie en montrant une joie indiscrète :
« Quel puceau ! T'as donc pas même enculé ta sœur ? »

Je n'aime pas à voir une femme qui souffre
De n'avoir pas encor fait son mari cocu
Et qui, faute d'amant bénévole, s'engouffre
Le membre monstrueux d'un âne dans le cul.

Je n'aime pas à voir qu'un jeune homme du monde
Encule avec lenteur et branle par-dessous,
La nuit, sur les remparts, une gamine immonde
Et lui décharge dans la bouche pour deux sous

Je n'aime pas qu'au lit une souple écuyère
Monte à poil sur un vit, coure le grand galop,
Rompe le vit qu'elle a dans le trou du derrière
Et décharge en criant au jeune homme : « Salop ! »

Je n'aime pas que Maud, grande fille indolente,
Le ventre découvert, les yeux évanouis,
Se branle contre un mur, d'une main longue et lente,
Soupire et tout le jour, murmure : « Je jouis. »

Table des matières

www.grandsclassiques.com

ISBN ebook : 9782512008545

ISBN papier : 9782512009740

Dépôt légal : D/2018/12603/157

Couverture : © Hélène Massart

Conception numérique : Primento, le partenaire numérique
des éditeurs